잔트간자 담이

꿈초 역사동화 ❺
세종의 4군 6진 정책과 이주민 이야기
잔트간자, 담이

초판 1쇄 펴낸날 2018년 6월 29일 | 초판 2쇄 펴낸날 2022년 6월 20일

글 허순영 | **그림** 김옥재
펴낸이 박형만 | **펴낸곳** (주)키즈엠
주간 이지안 | **편집** 이수연, 임수현 | **디자인** 조정원
마케팅 정승모, 김명진 | **제작** 김선웅, 이준호
출판번호 제396-2008-000013호 | **주소** 서울시 금천구 가산디지털1로 181, 1114
전화 1566-1770 | **팩스** 02-3445-6450 | **홈페이지** www.kizm.co.kr

꿈초 블로그 http://blog.naver.com/moonybook
꿈초는 키즈엠의 어린이 책 브랜드입니다. 포털에서 '꿈초(꿈꾸는 초승달)'를 검색해 보세요.

ISBN 978-89-6749-919-8 74910
         978-89-6749-541-1(세트)

글ⓒ 허순영, 그림ⓒ 김옥재, 2018
이 책의 저작권은 저자에게 있습니다. 저자와 출판사의 허락 없이 내용의 일부를 인용하거나 발췌하는 것을 금합니다.

이 도서의 국립중앙도서관 출판예정도서목록(CIP)은 서지정보유통지원시스템 홈페이지(http://seoji.nl.go.kr)와
국가자료공동목록시스템(http://www.nl.go.kr/kolisnet)에서 이용하실 수 있습니다. (CIP제어번호: CIP2018018914)

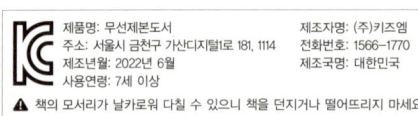

꿈초 역사동화 ❺
세종의 4군 6진 정책과 이주민 이야기

담이

잔트간자

허순영 글 | 김옥재 그림

꿈초

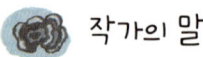

작가의 말

세종의 4군 6진 정책,
그때 그 시절의 이야기

국가가 국민에게 해 줘야 하는 것은 무엇일까요? 다른 나라의 침입으로부터 지켜 주고, 잘 먹고 잘 살게 해 주고, 사회의 여러 위험으로부터 안전하게 보호해 주어야 해요. 즉 국방, 복지, 치안이 잘 이루어지도록 힘써야 해요.

이성계는 고려를 무너뜨리고 새로운 나라를 만들겠다며 조선을 세웠어요. 하지만 건국 후에도 남쪽에서는 왜구들이 활개를 치고 북쪽에서는 여진족들이 노략질을 일삼았어요.

이에 세종은 북쪽의 경계를 확실히 함으로써 여진족의 침입에서 백성들을 보호하려 했어요. 그래서 두 차례에 거쳐 4군 6진을 확보하기 위한 공격을 하게 됩니다.

1433년 세종은 1차로 최윤덕 장군을 파견해 여진족을 토벌하고 1440년 4군 설치를 마칩니다. 그리고 2차로 김종서 장군을 파견해 1449년 6진의 설치를 완성했어요. 이로써 조선은 압록강에서 두만강의 이남 지역을 조선의 영토로 만들게 되었지요.

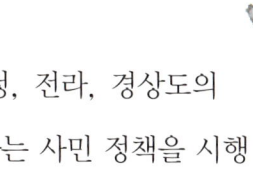

　이때 국방을 튼튼히 하기 위해 충청, 전라, 경상도의 삼남 지방 주민들을 이주하여 살게 하는 사민 정책을 시행했어요. 이 글에 나오는 담이네 가족도 이 정책으로 갑산에 가게 된 것이에요.

　이주 혜택으로 관직 진출의 길을 열어 주거나 양반으로 면천을 해 주었어요. 하지만 혜택을 받는다고 해도 자기가 살던 풍요로운 고향을 떠나 척박한 지역으로 가서 사는 일은 쉽지 않았겠지요? 그래도 좌절하지 않고 땅을 일구고 뿌리내린 사람들 덕분에 오늘날 우리나라의 영토를 지킬 수 있었어요. 저는 여러분이 절망을 이겨 내고 희망을 일궈 가는 사람들의 이야기에 귀 기울이며 어려움을 극복하는 용기를 갖기를 바라는 마음으로 이 글을 썼습니다. 그럼 이주의 어려움을 이겨 내며 성장하는 담이 이야기를 들어 볼래요?

　　　　　　　　　허순영

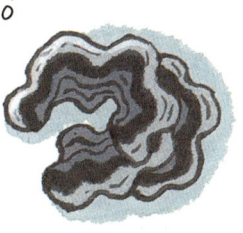

차례

잘 있어라, 내 고향 9

설렘의 땅, 희망의 땅 26

노략질 41

아을사 56

감자 70

화적떼 84

나의 아버지, 나의 잔트가르 96

잘 있어라, 내 고향

"요새 난리가 났다던데 자네 알고 있는가?"
"아! 그거? 임금님이 최윤덕 장군을 시켜 여진족들을 물리쳤다는구먼."
"그거 잘했네. 평안도나 함길도는 그놈들이 노략질이며 납치를 일삼는 통에 엄청 불안하다던데."
양지바른 장터 한쪽에서 젓갈 장수와 숯장수가 수군거리고 있었어요.
담이 귀에 난리라는 말이 쏙 들어와 박혔어요. 얼마 후면 아버지를 따라 함길도로 떠나야 하거든요. 오늘은 그곳에 가기 전 필요한 물건을 준비하기 위해 어머니와 함께 장을 보러 나온 길이었어요.

그때 소금 장수가 두 장사꾼들 말에 끼어들었어요.

"듣자 하니 삼남* 지방 백성들을 그곳으로 보낸다 하던데요."

"여기 백성들을? 왜?"

어리숙해 보이는 숯장수가 놀라 되물었어요. 숯장수는 깊은 산속에 살기 때문에 세상 소식에 느려요. 그래서 사람들은 어리숙하거나 순진한 사람을 보면 숯장수냐고 놀리고는 했어요.

"농사 잘 짓는 아랫녘 사람들을 북쪽에 자리 잡고 살게 해서, 조선의 국경을 튼튼히 하려고 그런대요."

소금 장수는 자기 말에 놀라는 숯장수를 보면서 신이 나서 이야기했어요. 소금 장수는 조선 팔도 방방곡곡 안 돌아다니는 데가 없어서 누구보다도 소문을 많이, 빨리 알았어요.

"말도 안 돼! 누가 고향 떠나 그 낯선 곳에 가려고 하겠

삼남 충청도, 전라도, 경상도 세 지방을 통틀어 이르는 말.

어? 내 같으면 죽으면 죽었지 절대 못 가는구먼."

숯장수가 정색하며 펄쩍 뛰었어요. 대대로 산속에서 살던 숯장수에게 고향을 떠나라는 말은 죽으라는 말과 같았거든요.

곁에서 그들의 대화를 듣던 담이는 숯장수의 말에 힘을 얻었어요.

"어머니 우리도 가지 말아요. 어머니가 아버지한테 갑산에 가지 말자고 말해 줘요. 제발이요."

담이는 어머니 치맛자락에 매달리며 애원을 했어요.

갑산은 함길도에 있는 첩첩산중으로 곧 이사 가게 될 마을이에요. 사실 담이 아버지도 가고 싶지 않았어요. 군인이었던 담이 아버지가 하던 일이 잘못돼 억지로 쫓겨나게 된 거예요. 담이도 그 사실을 알아요. 그래서 아버지가 더 원망스러웠어요. 아버지 때문에 태어나서 지금껏 살던 고향을 떠나 낯설고 물선 곳으로 가야 하니까요.

"얘가 왜 이래? 그렇잖아도 아버지 속상하신데 너까지 이러면 어째."

어머니는 사람들 눈치를 보며 담이를 나무랐어요.

"친구들은 아무도 안 간다고요. 왜 우리만 가야 해요?"

담이는 거의 울상이 되어 말했어요.

"저런……. 너희 아버지가 가겠다고 지원을 하신 모양이구나. 함양부터 함길도까지 가려면 고생이 엄청날 텐데."

소금 장수가 안쓰러운 표정으로 담이를 거들었어요.

"에이, 거기도 다 사람 사는 곳인데 뭘. 막상 가면 또 살만할 게야. 나라에서 여러 가지 혜택을 준다니 좋은 것도 있겠지."

사람 좋아 보이는 젓갈 장수는 담이를 달래 준답시고 좋게 얘기해 주었어요. 담이는 그래도 마음이 풀리지 않았어요.

그때였어요. 사람들이 어디론가 우르르 몰려갔어요. 허둥지둥 뛰는 모습들이 예사롭지 않았어요. 담이도 궁금해서 사람들을 따라 뛰었어요. 사람들이 몰려간 곳은 관아에서 호조* 일을 맡고 있는 재동 아재 집이었어요. 재동 아재는 아버지와 형님 동생 하는 사이라 담이도 잘 알아요.

그새 마당에는 사람들이 꽉 들어차 있고 미처 들어가지

호조 조선 시대 재정을 관리하던 관서로 오늘날의 기획 재정부와 같은 역할을 했다.

못한 사람들은 사립문 밖에서 고개를 빼고 구경하고 있었어요.

"함길도로 안 갈라고 재동이가 팔목을 잘랐대."

먼저 와 있던 사람들이 수군거렸어요. 담이는 눈이 휘둥그레져서 집 안을 들여다보았어요.

한 팔에 천을 둘둘 감은 재동 아재가 넋을 놓고 마루에 걸터앉아 있었어요. 천 밖으로 붉게 배어 나온 핏물이 보였어요. 담이는 피를 보자 가슴이 쿵쿵 뛰었어요.

"이 사람아. 팔 하나 없다고 거기로 안 보내겠는가?"

첨지 어른이 곰방대를 휘두르며 아재를 나무랐어요. 재동 아재 곁에서 훌쩍이던 아주머니가 눈물을 훔치며 말했어요.

"나라님도 그렇지 갑자기 고향을 떠나 낯선 땅으로 가라는 게 말이 돼요?"

아주머니는 주위를 둘러보며 목소리를 높였어요.

"나라님이 갑자기 왜 이러시는지 누가 대답 좀 해 봐요! 답답해 속이 터져 죽겠어요."

사실 담이도 그게 너무 궁금했어요. 임금님은 백성들을

사랑하고 백성들이 살기 좋은 나라를 만들기 위해 밤낮으로 애쓰는 분이었으니까요. 그런 임금님이 백성들을 강제로 이주*시키는 것이 이해가 되지 않았어요.

말을 마친 아주머니는 답답한지 자기 가슴을 주먹으로 탕탕 쳤어요. 그러자 누군가 뒤이어 큰 소리로 투덜거렸어요.

"따뜻한 남쪽에 살던 사람들이 그 추운 북쪽으로 가면 한 해도 못 버티고 다 얼어 죽을걸."

"나도 안 갈라네. 죽어도 여기서 죽을 것이구먼."

"나도 이참에 손가락이라도 자르고 버텨 볼까?"

사람들은 속에 있던 말들을 쏟아 냈어요. 하지만 곧 모두 입을 다물었어요. 육모 방망이에 오랏줄을 든 군졸들이 들이닥쳤거든요.

"아전* 이재동은 오라를 받아라."

서슬이 퍼런 군졸들은 재동 아재를 오랏줄로 묶었어요.

"아니, 이게 뭔 일이래?"

이주 본래 살던 집에서 다른 집으로 거처를 옮김.
아전 조선 시대 중앙과 지방의 각 관청에 근무하던 하급 관리.

"무슨 죄를 지었다고 생사람을 잡아가요!"

아주머니가 악을 쓰며 군졸들 팔을 잡고 늘어졌어요.

"관리가 임금님의 명을 피하려고 자해를 했으니 그 죄를 물어 엄벌에 처할 것이다."

"아이고, 팔도 잃고 고향도 쫓겨나게 됐으니 이 일을 어쩐단 말이요. 흐흐흑."

아주머니가 땅바닥을 두드리며 대성통곡을 했어요. 담이 뒤를 따라온 어머니가 눈물을 닦아 주며 위로했어요. 담이는 무섭고 속상해 눈물이 나올 것 같았어요.

재동 아재는 군졸들에게 끌려가면서도 아주머니가 걱정

됐는지 자꾸 뒤를 돌아봤어요.

"안 간다고 버티다가는 무슨 일을 당할지 모르겠구먼."
"그러게. 우리도 떠날 준비를 해야 하나?"

몇 사람이 재동 아재를 따라 관아로 몰려간 뒤에도 사람들은 자리를 뜨지 못하고 앞으로 닥칠 일을 걱정했어요.

집으로 돌아오는 길, 어머니는 한숨을 쉬며 담이의 머리를 가만가만 쓰다듬었어요.

결국 보름 후, 담이는 부모님에 이끌려 고향을 떠나게 되었어요. 담이네처럼 피치 못할 이유로 등 떠밀려 가는 아전

들과 그 가족들이 먼저 마을을 떠나게 된 거예요. 수레를 앞세운 채 무거운 짐을 이고 지고 떠나는 모습은 전쟁 통 피난민 같았어요.

"자, 이제 출발합시다!"

함길도 이주의 모든 책임을 맡은 아버지가 맨 앞에 서서 외쳤어요.

곤장을 맞아 걷지 못하는 재동 아재는 수레에 태웠어요. 함길도로 안 가려고 잔꾀를 부렸던 재동 아재는 곤장 백 대를 맞고 함길도로 떠나라는 명령을 받았어요. 마을에 남은 사람들은 그런 모습을 보며 나라의 명을 피할 수 없다는 사실을 실감한 듯했어요.

담이는 동생 구슬이를 업고 갔어요. 먹을 것과 필요한 살림살이를 지게에 진 아버지는

맨 앞에서 걸어갔어요. 담이는 솥이며 옷가지를 머리에 인 어머니에게 구슬이까지 맡길 수는 없었어요. 아직 어린 아기였지만 잠이 들어 축 늘어지면 더 무겁게 느껴져 힘이 들었어요. 담이는 앞장서서 걷고 있는 아버지를 보았어요.

"이게 다 아버지 때문이야."

담이는 가는 길이 힘들수록 아버지가 미웠어요.

"아버지 너무 미워하지 말아라. 없는 사람들 사정 봐주다가 그리된 것이니."

어머니는 그래도 아버지 역성을 들었어요.

아버지는 죽은 사람에게 매겨진 세금이나 아기에게도 나오는 군역 등을 깎아 주며 어려운 사람들의 사정을 봐주다가 세금을 빼돌렸다는 누명을 썼어요. 아버지가 옳은 일을 하다 그리된 거지만 그래도 고향을 쫓겨나게 되니 원망스러운 마음은 가시지 않았어요.

동구 밖을 나설 때였어요.

"우리도 같이 갑시다!"

마을 끝 샘가에 사는 도 씨였어요. 도 씨는 버들가지로 광주리나 바구니 등을 만들어 파는 고리백정이에요. 그래서 마을 사람들과 거리를 두고 살았어요.

도 씨 뒤에는 아내와 아이 셋이 올망졸망 서 있었어요. 그중 큰아이인 봉선이는 담이도 아는 아이예요. 말은 안 해 봤지만 시장이나 길에서 가끔 마주쳤거든요. 봉선이는 볼이 통통하고 눈이 반달 같았어요.

도 씨는 아버지에게 다가가 말했어요.

"그곳에 가면 신분을 높여 준다는 말이 사실입니까?"

"그렇다네. 백정 신분이라도 그곳에 가면 양인으로 살 수 있지."

"그럼 같이 가게 해 주십시오. 아이들에게 백정 신분을 물려주고 싶지 않습니다요."

"잘 생각했네. 같이 가시게나."

아버지는 도 씨 가족을 따뜻하게 맞아 줬어요.

나라에서는 되도록 많은 사람을 모으려고 이주하는 백성들에게 여러 가지 혜택을 줬어요. 노비나 천민들은 양인으로 신분을 올려 주고, 의무적으로 노동을 해야 하는 부역의 의무에서도 빼 주었어요. 그리고 3년 동안은 개간한 땅을 지어도 세금을 면제해 주고 농기구도 거저 주었어요. 담이는 봉선이네 식구가 그곳에서 차별받지 않고 같이 살 수 있다면 좋겠다고 생각했어요.

등에 업힌 구슬이가 잠이 들었는지 점점 아래로 처지면서 무거워졌어요. 담이는 축 처진 구슬이를 힘껏 추어 올렸어요.

"힘들지? 이리 줘. 내가 업고 갈게."

언제 다가왔는지 봉선이가 등을 대며 말했어요. 봉선이가 움직이자 친구 녀석들과는 다른 좋은 냄새가 났어요.

"괜찮아."

담이는 미안해서 사양했어요.

"미안할 거 없어. 난 동생들 많이 업어 봐서 안 힘들어."

봉선이는 구슬이를 뺏다시피 해 자기 등에 업었어요.

"고마워. 힘들면 말해."

구슬이를 등에서 떼어 놓으니 몸이 날아갈 것 같았어요. 담이는 봉선이가 정말 고마웠어요. 하지만 조금 지나자 봉선이 등으로 옮겨 간 구슬이가 잠에서 깨어나 칭얼거렸어

요. 봉선이는 얼른 앞으로 옮겨 안으며 구슬이를 어르고 달랬어요. 구슬이가 까르르하고 웃는 소리를 듣자 담이도 한결 마음이 놓였어요. 봉선이는 정말 동생을 많이 돌봤는지 아기 다루는 솜씨가 보통이 아니었어요. 담이는 봉선이가 힘들어하기 전에 다시 구슬이를 돌려받아 업고 걸었어요.

그렇게 몇 번이나 담이와 봉선이가 구슬이를 번갈아 업으면서 가다 보니 해가 서산으로 넘어갔어요. 이제는 다리도 후들거리고 배고픔도 참기 힘들었어요. 여기저기서 하소연이 터져 나왔어요.

"좀 쉬었다 갑시다."

"어르신이랑 애들 생각도 해 주시오."

하지만 아버지는 쉽게 걸음을 멈추지 않았어요.

"하루라도 빨리 도착해서 살 집을 지어야 합니다. 여기서 시간을 허투루 쓰면 갑산에 가서 큰 고생을 할 거예요."

함길도는 추위가 일찍 오는 곳이라 길에서 시간을 끌면 안 된다고 했어요. 집을 지을 때까지는 밖에서 지내야 하기 때문이에요. 오랜 여정으로 몸도 약해진 상태에서, 날씨까지 추워지면 더 힘들 거라고 했어요. 그러자 사람들은 한

걸음이라도 더 걸으려고 이를 악물었어요. 해가 떨어지고, 발밑에 돌멩이가 보이지 않을 때쯤 아버지가 일행을 멈춰 세웠어요.

"오늘 밤은 여기서 쉽시다."

앞에는 큰 산이 막아서고 길옆으로 작은 냇물이 흐르는 곳이었어요. 큰 나무도 듬성듬성 서 있어 밤이슬을 피하기에도 적당한 곳 같았어요.

사람들은 제각각 식구끼리 모여 밥을 해 먹었어요. 불을 피워 밥을 짓는 집도 있었고 미리 만들어 온 떡으로 배를 채우는 집도 있었어요. 담이도 어머니가 만들어 온 누룽지를 물에 불려 먹고는 맨땅에 누워 잠이 오길 기다렸어요.

설렘의 땅, 희망의 땅

길에서 자던 첫날은 대부분 뜬눈으로 밤을 지새웠어요. 울퉁불퉁한 맨땅에 가마니 한 장 깔고 누워 있으려니 불편해서 잠이 오지 않았어요. 더구나 생전 가 본 적도 없는 낯선 북쪽 땅에서 평생 살아갈 생각을 하니 막막하고 불안했어요.

함양을 떠난 후, 담이 일행은 길 위에서 자고 끼니를 해결했어요. 가끔 큰 고을을 지날 때에는 관아에서 쉬고 갈 수 있도록 잠자리며 음식을 마련해 주었어요.

고향을 떠난 지 보름쯤 되어 제천을 지날 때였어요. 남의 집 외양간 곁에서 밤을 샜는데, 일어나니 구슬이가 열이 펄

펄 끓었어요. 하늘은 비를 잔뜩 머금은 먹구름이 짙게 끼어 있었어요.

"담이 아버지, 구슬이를 의원에게 보여야겠어요."

"그냥 갑시다. 고뿔일 것이니 별일 없을 거요."

"아버지, 저러다 혼절이라도 하면 어떡해요. 잠시면 되잖아요."

"그러면 그때 가도 늦지 않아. 비라도 오면 발걸음도 늦어지니 우리 집 일로 시간을 지체할 수는 없다."

담이는 융통성 없는 아버지 때문에 속이 터질 것 같았어요. 어머니는 말없이 구슬이를 업었어요. 아버지는 미적대는 사람들을 재촉했어요. 정해진 날짜 안에 갑산까지 일행을 인솔해야 하는 아버지는 자기 자식 때문에 늦어지는 것을 허락하지 않았어요. 사람들은 그런 아버지의 말을 불평 없이 따랐어요. 길을 가다 구슬이 앓는 소리가 들릴 때마다 담이는 아버지가 원망스러웠어요.

낮에도 호랑이가 나온다는 험한 고개를 넘을 때였어요. 고갯길은 작은 마차가 겨우 갈 정도로 좁고 양옆은 심한 비탈이어서 정신을 바짝 차리고 걸어야 했어요. 어린 사내아이 둘이 장난을 치며 행렬 사이를 뛰어다녔어요.

"아서라! 뛰면 소가 놀란다."

어른들이 나무랐지만 아이들은 귓등으로도 안 듣고 여전히 장난을 쳤어요. 그러다 한 아이가 발을 헛디디며 미끄러졌어요. 그대로 두면 비탈로 굴러떨어질 것 같았어요. 담이는 생각할 겨를도 없이 후다닥 뛰어가 아이를 붙잡았어요. 그때였어요.

"음매, 음매."

갑자기 들이닥친 담이 때문에 놀란 소가 미친 듯이 날뛰었어요. 마차를 끌던 소가 펄쩍 뛰는 바람에, 길에서 벗어난 마차 앞바퀴가 비탈에 걸렸어요. 자칫 잘못하다가는 마차에 실린 짐은 물론 사람까지 낭떠러지 아래로 떨어질 수 있는 위험한 상황이었어요.

"잠깐! 모두 제자리에 멈춰 서시오!"

아버지는 소가 놀라 더 날뛸까 봐 사람들의 움직임을 멈추게 했어요. 순간 무거운 정적이 흘렀어요. 담이는 등 뒤로 찬물이 흐르는 듯 오싹했어요. 아버지는 침착하게 소를 진정시킨 다음 힘센 어른들을 불러 마차 바퀴를 들어 올렸어요.

 마차 바퀴가 무사히 길 위로 올라오자 사람들이 안도의 숨을 내쉬었어요. 아이는 그제야 멋쩍은지 울음을 터뜨렸어요.

 "뭘 잘했다고 울어? 담아, 안 다쳤니?"

 아이 아버지가 무안한 듯 아이를 쥐어박으며 담이를 챙겼어요.

 "애가 뭔 잘못이 있어. 여기까지 사고 안 치고 따라온 것만도 장하지."

 아버지가 아이 아버지의 어깨를 가볍게 토닥이며 말했어요.

 "담아, 고맙다."

 아이 아버지는 솥뚜껑만 한 손으로 담이의 어깨를 잡으며 말했어요. 담이는 흐뭇해하는 아버지의 눈길을 느끼고는 어머니에게 뛰어갔어요. 혹여 얼쩡거리다 말썽을 일으켰다고 지청구를 들을지도 모르니까요. 어머니는 다친 곳은 없는지 담이 몸을 두루 살폈어요.

 그때 머리 위로 후드득 빗방울이 떨어졌어요. 고갯마루에서 보니 제천 관아며 장터가 훤하게 눈에 들어왔어요.

"이 고개만 넘으면 제천이니 어두워지기 전에 서둘러 넘어갑시다."

비를 맞으며 험한 산길을 걷자니 빗물에 젖은 짚신이 자꾸 미끄러졌어요. 사람들은 서로 의지하고 버티며 고개를 넘었어요. 비가 오는 날은 맑은 날보다 훨씬 힘이 들었어요. 사람들은 말할 기운도 없을 만큼 지쳤어요.

어둠이 어스름하게 밀려올 즈음, 담이네가 제천 시내로 들어서자 관리가 나와 정중하게 맞았어요.

"먼 길 가느라 힘드시지요. 오늘은 관아에서 편히 묵으시면 됩니다."

임금님이 평안도나 함길도로 떠나는 사람들에게 편한 잠자리와 양식을 제공하라는 명을 내렸다고 했어요.

"죽으라는 법은 없네."

"그러게. 오늘 밤은 모처럼 편히 쉬겠구먼."

사람들은 따뜻한 방에 지친 몸을 누일 생각에 행복한 얼굴이었어요.

"아픈 아이가 있어 그러는데 의원을 좀 불러 주시오."

아버지 눈에는 간절함이 가득했어요. 열이 끓는 구슬이

몸은 비에 젖어 허연 김이 올라왔어요.

"아이쿠, 아기가 열이 심하네요. 관아에 가면 의원이 있습니다."

사람들은 서둘러 관리를 따라 관아로 향했어요. 관리는 관아에 도착하자마자 구슬이를 의원에게 데려갔어요.

남은 사람들은 관아에서 내어 준 따뜻한 밥을 먹었어요. 담이는 구슬이가 걱정되었지만 하얀 쌀밥을 보는 순간 모든 것을 잊고 두 그릇이나 먹었어요. 다행히 구슬이는 의원이 지어 준 탕약을 먹고 열이 떨어졌어요. 그날 밤, 담이와 일행들은 오랜만에 편안하게 단잠을 잤어요.

고향을 떠난 지 한 달 보름이 지나고, 드디어 갑산에 도착했어요. 사방이 산으로 둘러싸이고 민가는 드문드문 몇 채 없었어요. 밭만 몇 떼기 보일 뿐 논은 아예 없었고, 길도 두 사람이 겨우 비껴 다녀야 할 정도로 좁았어요.

마치 사방이 산으로 막힌 감옥에 갇힌 것 같았어요. 갑자기 누가 코와 입을 막은 것처럼 숨쉬기가 답답할 정도였어요.

"너른 들녘만 보고 살다가 여기 오니 속이 꽉 막히는구먼."

농사꾼인 김 씨도 답답한지 코를 벌름거렸어요.

"아버지, 우리 집은 어디예요?"

담이가 아버지를 향해 묻자 아버지는 대답 대신 사람들을 향해 큰 소리로 설명했어요.

"집은 우리가 지어야 합니다. 그동안 밖에서 지낼 수밖에 없습니다. 그러니 얼른 집부터 지읍시다."

담이는 하마터면 그대로 주저앉을 뻔했어요. 갑산에 도착하면 따뜻한 집에서 배불리 밥 먹고 두 다리 쭉 뻗고 3일 내내 잠만 잘 심산이었거든요.

"휴, 그래도 이 정도일 줄은 몰랐네. 집은 있을 줄 알았지…."

공방* 아저씨가 한숨을 내쉬며 말을 이었어요.

사람들은 각자 가족끼리 편한 곳에 자리를 잡았어요. 담이네도 큰 나무 아래 자리를 잡았어요. 여기 오는 동안 거

공방 조선 시대에 공예·건축·토목 공사 따위에 관한 일을 맡아보던 부서.

의 밖에서 잤기 때문에 특별히 힘들지는 않았지만 김이 빠지는 건 어쩔 수 없었어요.

여름이었지만 산이 깊은 갑산은 확실히 달랐어요. 해가 지고 밤이 되니 기온이 뚝 떨어져 입김이 나올 정도로 추웠어요. 사람들은 급하게 추위와 바람을 막을 천막을 치고 그 안에 노인과 여자와 아이들을 머물게 했어요. 비좁은 탓에 남자 어른들은 천막 안에서 지내는 것은 꿈도 못 꿨어요. 그래서 밖에서 서로서로 몸을 붙여 체온을 나누며 추위를 견뎌야 했어요.

밤이 이슥해지자 산속에서 짐승들의 울음소리가 들렸어요. 그중에는 고향 함양에서는 들어 보지 못한 우렁찬 소리도 들렸어요.

"어이쿠! 호랑이가 나타났나 봐."

"돌아가며 보초를 섭시다."

"각자 무기가 될 만한 것을 챙겨요."

천막 밖에서 자던 어른들이 하나둘 깨어 웅성거렸어요.

"호랑이는 불을 무서워하니 모닥불을 크게 피웁시다."

사람들은 불을 피우고 무기가 될 만한 쟁기며 몽둥이를

챙기느라 부산스레 움직였어요.

"으앙, 무서워!"

호랑이란 말에 겁에 질린 아이들이 하나둘 울음을 터뜨렸어요. 어머니도 담이와 구슬이를 품에 꼭 끌어안았어요. 담이도 겁이 나서 어머니 품으로 파고들었어요.

"겁먹지 마. 호랑이가 제일 무서워하는 게 뭔지 알아?"

봉선이가 겁먹은 동생들을 달래며 물었어요.

"내가 재미있는 이야기해 줄 테니 들어 볼래?"

봉선이는 우는 아이들을 향해 이야기를 시작했어요.

"옛날에 배고픈 호랑이가 한 마리 살았대. 하도 배가 고파 소를 잡아먹으려고 외양간으로 숨어 들어갔어. 그런데 방에서 으앙 하고 애가 우는 거야."

재미있는 옛날이야기에 아이들이 하나둘 울음을 그쳤어요. 담이는 어른스러운 봉선이가 다시 보였어요. 잠시였지만 겁먹고 떨었던 자신이 창피하기도 했고요. 봉선이가 하는 이야기는 담이도 잘 아는 이야기였어요. 호랑이가 온다고 해도 울던 아이가 곶감을 준다고 하자 울음을 그치는 걸 보고, 호랑이는 곶감이 자기보다 더 무서운 놈이구나 하고 도망쳤다는 이야기예요.

　어리석고 우스운 호랑이 이야기를 듣다 보니 어느새 무서움은 사라지고 잠이 쏟아졌어요. 담이는 봉선이가 들려주는 이야기를 들으며 스르르 잠 속으로 빠져들었어요.

　다음 날부터 남자 어른들은 산으로 나무를 하러 다녔어요. 굵은 나무를 베어 옮기는 일은 힘들고 위험했어요. 하지만 집을 지으려면 먼저 굵은 통나무로 기둥을 세워야 해요. 그리고 벽과 지붕은 가는 가지로 얼기설기 엮은 다음, 진흙과 억새를 개어서 틈새에 바르지요. 남자들이 기둥을 세우고 골격을 만들면 여자들은 진흙을 나르고 억새를 섞어 개었어요.

　동생을 돌보면서도 열심히 흙을 나르는 봉순이를 보며 담이도 열심히 억새를 베다가 날랐어요. 원래는 지푸라기를 잘게 썰어 진흙에 섞어야 했지만 아직 농사를 짓지 않아 억새풀로 대신한 거예요. 하루하루 지날수록 사람들은 일이 익숙해지고 손도 빨라졌어요.

　어느새 작은 집 다섯 채가 지어졌어요. 아버지는 식솔로 노인이나 아기가 딸린 사람부터 집을 나눠 주었어요.

쉬지 않고 열심히 일한 덕분에 한 달 만에 담이네 집이 지어졌어요. 방 한 칸에 부엌이 달린 작은 집이었어요. 함양에 두고 온 집에 비하면 허름하지만 그래도 집이 생기니 담이는 마음이 조금 놓였어요. 드디어 여러 집이 오순도순 지붕을 맞대고 모여 사는 동네가 생긴 거예요.

담이네가 그렇게 자리를 잡아 가는 동안 전국 각지에서 희망을 품은 사람들이 모여들었어요. 일하는 사람이 많아지니 집도 많이 생기고 길도 넓어졌지요. 집을 다 지은 어른들은 산자락과 억새밭을 정리하고 물길을 만들어 논과 밭을 만들었어요. 그리고 고향에서 소중히 가져온 씨앗을 텃밭에 심었어요.

담이는 뒷동산에 올라 마을을 내려다보았어요. 길가에 사람들도 보이고 옹기종기 모여 있는 집도 눈에 들어왔어요. 그리고 논과 밭에는 파란 싹들이 올라오고 있었어요.

'나도 이제 내 논과 밭을 만들 거야. 그래서 어머니랑 구슬이 배부르게 먹이고 따스하게 입힐 거야.'

발돋움을 하고 논으로 일구기에 적당한 터를 찾아보았어요.

"해 지기 전에 얼른 내려가거라. 이웃 마을에 화적 떼가 쳐들어와서 쑥대밭을 만들었다는 소문이 있어."

땔나무를 지고 산에서 내려오던 마을 아저씨가 담이를 보고 조심하라고 말해 줬어요. 화적 떼는 강 건너 여진족을 낮춰 부르는 말인데, 갑자기 마을에 나타나 양식을 훔치고 사람을 잡아다 노예로 판다고 했어요.

"네. 곧 내려갈게요."

담이는 큰 소리로 대답하고는 다시 아래를 살폈어요. 마침 성터 앞 강기슭에 커다란 갈대들이 흔들리고 있었어요.

"강이랑 가까워야 물을 대기 편할 거야. 좋아, 논은 저기 갈대밭으로 정했어."

담이는 산자락 아래 해가 잘 드는 잡목 숲도 밭을 일굴 터로 봐 뒀어요. 자기가 일군 논과 밭을 가질 수 있다고 생각하니 하늘을 걷는 기분이었어요.

산등성이로 붉은 해가 넘어가기 시작하자 곡식들도 붉게 물들었어요. 담이는 기대에 부풀어 한껏 들뜬 마음으로 산을 내려왔어요.

노략질

저녁이 되자 관아 일로 바쁘다며 얼굴 보기 힘들던 아버지가 집에 왔어요. 이곳에 온 이후로 아버지는 자주 집을 비웠어요. 그래서 담이랑 어머니가 모든 일을 맡아 해야만 했지요. 아버지가 땀에 전 옷을 갈아입고 담이를 불러 말했어요.

"담이야, 너는 내일부터 성곽 쌓는 일을 하거라."

"안 돼요. 내일부터 어머니와 함께 우리 밭이랑 논을 일굴 거란 말이에요."

담이는 빨리 산자락 잡목들을 태우고 돌을 걷어 내서 밭을 많이 만들 생각뿐이었어요.

"제 힘으로 논이랑 밭을 많이 만들어서 어머니 호강시켜 드릴 거예요."

"네 욕심부터 채우겠다는 게야?"

아버지는 무서운 표정으로 눈을 부릅뜨며 호통을 쳤어요.

"나라님이 우리를 이곳으로 보낸 이유를 잊은 것이냐?"

순간, 담이의 눈앞에 함양에서 이곳 갑산에 오기까지 힘들었던 일들이 스쳐 지나갔어요. 고향을 떠나기 싫었지만 그래도 갑산에만 가면 잘 먹고 잘 살 수 있다는 기대를 안고 고통을 참아 온 날들이었지요.

"집이랑 먹을 것을 우리가 알아서 해결했으면 목숨은 나라가 지켜 줘야지요."

담이는 골이 나서 아버지에게 심통을 부렸어요. 아버지 역시 어쩔 수 없는 일이었다는 걸 알지만 아버지가 곤란해하는 모습을 보고 싶었어요.

"나라에서 해 주는 게 왜 없어. 면천도 시켜 주고 땅도 주잖니. 우리가 앞으로 살아가야 할 곳이니 안전을 위해 우리 손으로 방비를 하자는 것이지."

"아버지는 우리 식구는 안 챙기고 나랏일만 하시잖아요. 집에 끼니가 있는지 없는지도 모르면서……."

사실 집집마다 양식 때문에 고통이 많았어요. 담이네도 고향에서 가져온 곡식이 점점 바닥나서 하루 두 끼 중 한 끼는 죽을 먹어야만 했어요.

잠시 침묵이 흐르고 아버지는 근심이 서린 목소리로 말을 이었어요.

"지금은 무엇보다 여진족의 침입을 막을 성곽이 필요하다. 사람들 목숨을 지키는 것이 가장 시급한 일이야."

아버지는 담이에게 성곽 쌓는 일에 힘을 보태라는 말을 재차 하고는 관아로 가 버렸어요.

"성곽에는 잠깐 얼굴만 보이고, 난 밭을 만들 거야."

담이는 아버지 뒤에 대고 혼잣말로 중얼거렸어요.

저녁을 먹고 일찍 잠자리에 들었지만 담이는 쉬 잠이 오지 않았어요. 밭을 일구고 논도 만들어 살림이 나아지면 아버지도 더 이상 큰소리를 못 칠 것 같았어요. 흰쌀밥을 먹고 살이 통통하게 오른 어머니와 구슬이 얼굴도 떠올랐어요. 그리고 혼인할 나이가 차서 봉선이를 색시로 맞아 알콩달콩 사는 모습도요. 생각만 했는데도 부끄러워 얼굴이 화끈 달아올랐어요. 이런저런 생각을 하며 뒤척이다 잠이 든 담이는 이상한 기척에 잠이 깼어요.

"빨리 먹을 거 내놔!"

털옷을 입은 남자가 거칠게 소리치며 방문을 열어젖혔어요. 놀라서 깬 어머니가 담이와 구슬이를 품에 싸안고 살려 달라며 사정했어요. 곤히 자다가 잠에서 깬 구슬이는 칭얼

대며 울었어요.

　담이는 낮에 산에서 만난 아저씨에게 들은 말이 떠올랐어요. 바로 그 화적 떼들이 약탈을 하러 마을에 나타난 것 같았어요.

　"빨리 가져와!"

　화적이 먹는 흉내를 내며 다시 한 번 소리쳤어요.

　먹을 것을 가져오란 것 같았어요. 담이는 가슴이 뛰고 목이 바짝 말랐어요. 하지만 먹을 것을 빼앗기면 어머니와 구슬이가 굶어야 한다고 생각하니 마음이 급했어요.

　"안 돼요. 우리 먹을 것도 없어요."

　담이는 용기를 내서 아랫배에 힘을 꽉 주고 화적을 향해 말했어요.

　"죽고 싶어?"

　화적이 눈을 부라리며 칼을 꺼내 목에 겨눴어요. 시퍼런 칼날을 보니 갑자기 몸이 굳고 아무것도 생각나지 않았어요.

　"저기 있어요. 목숨만은 살려 주세요."

　어머니가 윗목에 감춰 뒀던 보릿자루를 가리켰어요. 화적은 자루를 둘러메더니 후다닥 밖으로 나가 버렸어요. 그들이 나간 후에도 겁에 질린 어머니는 담이를 안고 한동안 움직이지 않았어요.

"화적이 나타났다!"

마을 위쪽에서 나는 다급한 소리가 밤공기를 흔들었어요. 여진족들이 마을 이곳저곳을 다니며 약탈을 하는 것 같았어요. 한창 자고 있을 시간이라 대책 없이 당하는 집들이 늘어날 것 같았어요. 담이는 벌떡 일어나 마당으로 뛰어나갔어요.

"화적이다. 화적!"

"어서 일어나세요!"

담이는 옆집을 향해 소리쳤어요.

"어디?"

방문이 벌컥 열리며 이웃집 아저씨가 달려 나왔어요. 담이는 방금 전 화적이 달아난 쪽을 가리켰어요. 마을 안쪽 노략질 당한 집에서는 공포에 질린 울음소리가 새어 나왔어요. 아저씨는 무기가 될 만한 것들을 챙겨 들고 화적이 사라진 쪽으로 어둠 속을 달려갔어요. 담이도 곡식을 터는 도리깨를 들고 아저씨 뒤를 따라 마을 어귀로 갔어요.

그러자 사람들이 모이는 소리에 당황한 화적들이 말을 끌고 황급히 마을을 떠났어요. 미처 도망가지 못하고 뒤에 처졌던 화적 둘은 마을 사람들에게 붙잡혔지요.

"다신 못 오게 혼을 내 줍시다."

"빼앗아 간 우리 물건 모두 내놓아라."

화가 난 마을 사람들은 달려들어서 빼앗겼던 물건들을 다시 빼앗고 그들을 마구 때렸어요. 봉변을 당한 화적들은 분한 듯이 이를 갈고 소리치며 말을 타고 도망쳐 버렸어요.

담이는 이제야 아버지가 하신 말씀이 이해가 되었어요. 여진족들에게 약탈을 당하고 위협을 생생하게 겪고 나니, 성곽 쌓는 일이 아주 중요하다는 생각이 들었어요.

"그래, 성곽을 쌓고 나서 밭을 만들어도 늦지 않아."

물론 마음먹은 일이 늦어지긴 하겠지만 포기한 것이 아니니 언제든 시작하면 되는 거였어요. 소식을 듣고 한달음에 달려온 아버지는 집에서 자고 아침이 돼서야 다시 관아로 갔어요. 아버지를 배웅한 뒤 어머니가 담이의 눈치를 보며 말했어요.

"오늘은 성터로 일하러 나가거라."

"저도 그럴 생각이었어요."

담이는 지게를 찾아 지고 집을 나섰어요. 한가위가 가까워져서 그런지 하늘은 맑고 드높았어요. 가을이면 하늘은 높아지고 말은 살찐다는 말이 생각났어요.

"살이 찌기는 개뿔."

가을이 됐는데도 죽 한 그릇 먹기 힘든 지금의 상황이 답답하게 느껴졌어요.

"담이야, 어디 가?"

어제 저녁 봉선이와 혼인할 생각을 했던 일이 떠올라 얼굴이 화끈 달아올랐어요. 아무것도 모르는 봉선이는 광주리를 머리에 이고 다가왔어요.

"성터. 너는?"

담이는 일부러 먼 산을 쳐다보며 무심한 척 대답했어요.

"잘됐다. 나 얼마 전부터 어머니랑 성터에 새참 내오는 일하잖아."

"그래? 나도 오늘부터 성터에서 일할 거야."

담이는 너무 좋아서 자기도 모르게 큰 목소리로 소리치듯 말하고는 이내 부끄러워졌어요.

"깜짝이야. 호호호. 같이 가면 되겠네."

토끼 눈을 뜨고 배시시 웃는 봉선이는 정말 귀여웠어요.

"그럼 이제부터 매일 보겠구나."

담이는 얼른 봉선이 광주리를 빼앗아 바지게에 졌어요. 그러고는 좋아서 입이 귀에 걸렸지요. 그런 담이를 본 봉선이가 길가에 핀 부용꽃처럼 환하게 웃었어요.

성터에는 먼저 온 사람들이 석수장이 조 씨의 감독을 받으며 일을 하고 있었어요. 담이는 돌 나르는 일을 맡게 됐어요. 성을 쌓는 데 필요한 돌은 주변에서 주워 오기도 하지만 대부분 땅속에 묻혀 있어서 캐야 했어요.

돌을 캐는 일은 힘센 어른들이 주로 했어요. 삽으로 땅을 파고 돌을 캐내면 정과 망치로 쪼개서 크기에 맞춰 자르고, 자른 돌을 날라다 놓으면 석수들이 차곡차곡 쌓아 성벽을 만들었어요.

담이가 바지게에 돌을 지고 성벽 아래로 돌을 부리러 갈 때였어요. 앞에 가던 아이들 셋이 한 아이 뒤를 따라가며 속삭였어요.

"내가 저 녀석 시선을 끌 테니까 그때 돌을 부려."

담이는 깜짝 놀랐어요. 옆에 사람이 있을 때 돌을 잘못 부리면 크게 다칠 수 있거든요. 담이는 뒤를 따라가며 아이들의 행동을 유심히 살폈어요. 먹잇감이 된 아이는 돌무더기에 돌을 부리더니 그 옆에 서서 잠시 숨을 고르고 있었어요. 이마에 가죽 머리띠를 하고 있었고 또래보다 키는 크지만 몸은 약해 보였어요.

"너 귀화인* 맞지?"

아이 하나가 말을 걸며 다가가자 그 아이는 긴장한 얼굴로 고개를 끄덕였어요. 그때 다른 아이가 재빨리 돌무더기 위에 돌을 부리려고 지게를 숙였어요. 자칫하면 돌이 굴러 귀화인 아이를 덮칠 것만 같았어요.

"비켜! 위험해!"

담이는 귀화인 아이를 향해 소리쳤어요. 위험한 상황을 알아챈 귀화인 아이가 빠르게 몸을 돌려 피했어요. 돌을 부리는 순간 돌무더기에서 돌 하나가 그 아이 다리를 스치며 데굴데굴 굴러갔어요. 자신들의 계획이 틀어지자 아이들

귀화인 다른 나라의 국적을 얻어 그 나라의 국민이 된 사람.

셋이 일제히 담이를 쏘아봤어요.

"넌 뭐야?"

그중에서 이 일을 계획했던 아이가 인상을 쓰며 담이에게 다가왔어요.

"다칠 뻔했잖아."

담이가 머뭇거리며 대답했어요.

"남의 일에 왜 참견인데? 저 녀석은 엊저녁 화적 떼와 한패야. 화적 떼들이랑 내통해 우리를 죽일 거라고."

그 아이는 담이의 어깨를 잡고 거칠게 흔들었어요. 담이는 화적 떼와 한패라는 말에 귀화인 아이를 쳐다봤어요.

"난 화적 아니야. 이젠 조선인이야."

귀화인 아이가 당혹스런 얼굴로 담이를 보며 말했어요. 자기의 진심을 알아주길 바라는 간절한 눈빛에 담이는 믿음이 생겼어요.

"아니라잖아."

담이는 자기도 모르게 그 아이를 편들었어요.

"두고 보자. 한패인지 아닌지."

시비 걸던 아이는 화가 난 표정으로 째려보더니 친구들

을 데리고 자리를 떴어요.

"고마워. 난 김아을사. 아직 조선말 잘 못 해."

귀화한 여진족들의 성씨로는 김씨가 가장 많다는 말을 들은 것 같았어요.

"난 윤담이야. 앞으로 쟤들 조심해야겠다."

그때 얼굴 위로 빗방울이 떨어졌어요. 좀 전부터 하늘이 어두워지더니 비가 오려고 그랬나 봐요.

아을사가 담이 손을 잡아끌고 나무 아래로 뛰어갔어요. 그러고는 여진 말로 중얼거렸어요.

"뭐라고?"

"비가 온다고."

아을사는 담이에게 몇 가지 여진 말을 가르쳐 주었어요.

"내가 우리말 가르쳐 줄게. 너도 여진 말 가르쳐 줄래?"

담이의 제안에 아을사가 고개를 끄덕였어요.

아을사

"불이야! 불!"

누군가 숨이 넘어가게 급한 목소리로 고함을 쳤어요. 깊이 잠들었던 담이가 정신을 차리고 보니 마당은 불빛 때문에 대낮처럼 밝았어요. 뜨거운 느낌이 방까지 전해졌어요.

"어머니, 일어나요!"

담이는 급하게 어머니와 구슬이를 흔들어 깨워 마당으로 나왔어요.

"도대체 무슨 일이냐?"

잠결에 끌려 나온 어머니가 놀라서 물었어요.

"화적이 다시 나타난 것 같아요."

저번에 노략질을 하러 왔던 그 화적들이 다시 마을을 습격한 것 같았어요. 이번에는 숫자도 많고 훨씬 포악했어요.

"불, 불이야!"

마을 여기저기서 불길이 활활 치솟았어요. 옆집 처마에서도 불길이 치솟고 있었어요. 불길은 점점 더 커져서 금방이라도 담이 집으로 넘어올 기세였어요. 이러다가는 어렵게 지은 집이 순식간에 타 버릴 것 같았어요.

담이는 어찌할지 몰라 발만 동동 구르며 그 모습을 지켜보았어요.

"담아, 어서 물을 길어 와."

어머니도 당황해 허둥대며 담이를 보고 말했어요. 어머니와 담이는 항아리를 들고 우물가로 달려갔어요.

우물가는 물을 긷는 사람들로 북적였어요. 담이는 서둘러 물을 길어다 담장 위에 뿌렸어요. 불난 집과 우물가를 몇 번이나 오갔는지 몸은 흠뻑 젖었고 다리도 후들거렸어요.

그러는 동안에도 화적 떼는 말을 타고 다니며 아무 집이나 불을 질렀어요. 그리고는 사람들이 불을 끄느라 정신이

팔렸을 때 빈집에 들어가 가재도구와 곡식들을 주워 실으며 시시덕거렸어요. 양식을 빼앗기지 않으려고 맞서는 사람은 칼로 무자비하게 베었어요. 자다가 날벼락을 맞은 마을은 불과 낭자한 피로 쑥대밭이 돼 버렸어요.

불을 끄던 담이가 한숨 돌리는 사이 화적이 담이네 집으로 불화살을 쏘았어요. 벌겋게 불이 붙은 화살은 바람처럼

날아와 마루에 박혔어요. 나무로 만든 마루는 바로 불이 붙었어요. 담이는 생각할 틈도 없이 마루로 달려가 맨손으로 불을 껐어요. 어머니도 달려들어 불을 끄려 했지만 구슬이 때문에 여의치 않았어요. 그런데다 골짜기에서 내려오는 밤바람 때문에 시뻘건 불길은 잡히지 않고 걷잡을 수 없이 번져 나갔어요.

"이대로는 안 되겠어요."

담이는 마루 위로 올라가 불 위를 데굴데굴 굴렀어요. 마침 옷이 흠뻑 젖은 상태라 이렇게 하면 꺼질 것 같았어요. 그러나 불은 작아지지 않고 방문까지 옮겨붙어 활활 타기 시작했어요. 이대로 가다가는 담이도 무사하지 못할 것 같았어요.

"담아, 가만히 있어!"

돌아보니 아을사가 가마니를 물에 적셔 가져와서는 불길을 마구 내리쳤어요. 그러자 가마니가 지나간 곳은 거짓말처럼 불길이 잡혔어요. 담이와 아을사는 한동안 정신없이 불을 껐어요.

드디어 방문에 붙은 불까지 다 끄자 담이는 아을사와 마루에 벌렁 누웠어요. 온몸에 힘이 빠져 몸을 가누기도 힘들었어요.

"아을사, 고마워."

위험을 무릅쓰고 달려와 자기 일처럼 도와준 아을사가 정말 고마웠어요.

"너희 집 쪽에서 불이 났길래 와 본 거야."

아을사가 머리를 긁적이며 말하는데 머리카락이 우수수 바닥으로 떨어졌어요.

"네 머리카락이 불에 그슬렸나 봐."

아을사가 놀라 커다래진 눈으로 담이를 보더니 큭큭 웃었어요.

"하하, 네 머리도 그슬렸어."

놀란 담이가 머리카락을 만져 보았더니, 머리카락 탄 냄새가 훅 들어왔어요.

담이는 머리카락이 타는 것도 모를 정도로 열심히 도와준 친구 아을사가 더욱 믿음직했어요.

"관군이 온다."

누군가 멀리서 소리치는 소리가 들렸어요. 관군이 온다면 이젠 안심해도 될 것 같았어요.

"관군이 온다니 난 이제 갈게. 내일 보자."

아을사는 손을 흔들며 어둠 속으로 사라졌어요.

멀리서 관군들이 몰려오는 말발굽 소리가 들리자, 화적 떼는 빼앗은 물건을 가지고 자취도 없이 사라져 버렸어요.

순식간에 나타나 잔인하게 마을을 짓밟고 바람처럼 사라지는 화적 떼가 아을사와 같은 핏줄의 사람들이라니 믿을 수가 없었어요.

"임자, 괜찮소?"

관군과 함께 온 아버지가 하얗게 질린 얼굴로 달려왔어요. 어머니에게 자초지종을 들은 아버지는 미안한 얼굴로 담이 손을 잡았어요.

"담아, 같이 있어 주지 못해 미안하다."

아버지의 진심이 손끝으로 전해져 가슴을 찌르르 울렸어요. 하지만 이럴 때마다 집을 비우는 아버지를 이해하고 싶지 않았어요. 담이는 손을 뿌리치고 홱 돌아섰어요. 등 뒤로 서늘한 가을바람이 지나는 게 느껴졌어요.

한 시간 정도 지나자 마을 사람들과 관군이 불을 모두 껐어요. 담이도 남은 불길을 잡으려 몇 번이나 물동이를 날랐는지 나중에는 다리가 뻣뻣해지며 마음대로 움직이지 않았어요. 마을에는 연기 냄새가 가득하고 길바닥은 불을 끌 때 나온 숯검정 물로 질척였어요.

"화적들 너무 무섭다. 여자와 아이들은 잡아다가 노예로

판대."

어느 틈에 왔는지 봉선이가 겁에 질린 얼굴로 소곤거렸어요. 봉선이도 검댕을 묻힌 채 물에 흠뻑 젖어 있었어요.

"너희 집은 별일 없니?"

담이는 봉선이네 집 쪽을 살피며 물었어요.

"놈들이 곳간에 불을 붙여서 다 타 버렸어."

"나쁜 놈들."

담이가 주먹을 불끈 쥐고 여진족들이 사는 북쪽을 노려봤어요.

"양식도 다 가져가고 남은 것마저 타 버려서 당장 먹을 끼니가 걱정이야."

달빛에 비친 봉선이 얼굴은 핏기 없이 창백했어요.

"걱정 마. 아버지가 내일 관아에서 양식을 나눠 준다 하셨어."

담이는 봉선이가 슬퍼하는 얼굴을 처음 봤어요. 언제나 씩씩하고 밝은 얼굴로 사람들에게 힘을 주던 아이가 슬퍼하는 모습을 보이니 마음이 아프고 어떻게든 도와주고 싶었어요.

"나 잡혀갈까 봐 얼마나 떨었는지 몰라."

"관군들이 있으니 쉽게 사람을 잡아가지는 못할 거야. 그리고 만약에 네가 잡혀가면 내가 끝까지 쫓아가서 구해 줄게."

담이 말에 봉선이가 피식 웃었어요.

"진짜야. 나 힘세다고."

담이가 팔뚝에 힘을 주며 흔들어 보이고는 봉선이를 집까지 바래다주었어요.

무섭고 어수선했던 밤이 지나고 아침이 되자 마을의 처참한 모습이 햇살 아래 그대로 드러났어요. 몇몇 집은 송두리째 타 버렸고 물건을 빼앗기지 않으려고 싸우다 다친 사람도 여럿 있었어요. 그나마도 관군이 일찍 나타나 피해가 적은 것이라고 했어요.

"아을사는 괜찮을까?"

담이는 성터로 가다가 아을사 집에 들렀어요.

"나와. 화적 떼 놈!"

"뭘 팔아넘기려고 여기 있는 거야?"

"너희 고향으로 가 버려!"

아이들 여러 명이 아을사의 집으로 돌을 던지며 소리치고 있었어요. 저번에 아을사를 괴롭히던 바로 그 아이들이었어요. 담이는 기가 막혔어요.

"말도 안 되는 소리로 내 친구 괴롭히지 마라!"

담이는 얼굴이 빨개져서 씩씩거리며 소리쳤어요.

"네 친구? 웃기지 마. 이놈들은 간자*가 분명해."

아이들은 화가 단단히 난 듯했어요. 그중에는 어제 화적 떼에게 당해 집이 타 버린 아이도 있고, 부모 형제가 다친 아이도 있었어요.

"맞아. 화적 떼가 저렇게 겁도 없이 나대는 건 분명 여기에 간자가 있어서 그런 걸 거야."

아이들은 저희끼리 이야기를 주고받더니 다시 돌을 들어 아을사의 집으로 던지려 했어요. 간자라면 정보를 빼내어 적에게 넘겨주는 사람을 말하는데, 그렇다면 아을사가 화적 떼에게 마을의 정보를 줬다는 거잖아요. 아을사가 그럴 리 없어요. 담이는 아을사에 대한 오해를 풀어 주고 싶었어

간자 간첩.

요.

"아을사는 이제 조선 백성이야. 엊저녁에도 우리 집 불을 꺼 줬다고. 우리끼리 싸우면 안 돼."

담이는 아이들 고막이 터질 정도로 아을사 집을 향해 소리쳤어요.

"아을사! 숨지 말고 나와. 성터로 가자."

잠시 뒤에 방문이 삐걱 열리더니 고개를 숙인 아을사가 걸어 나왔어요.

"어젯밤 아을사는 분명히 조선 백성이었어. 봐! 보라고."

담이는 아이들 눈앞에 그슬린 아을사의 머리카락과 자기의 머리카락을 들이밀었어요. 아직도 노릿하게 풍기는 머리카락 탄 냄새에 아이들이 한 걸음 뒤로 물러섰어요. 아궁이 속에서 방금 빠져나온 듯, 그슬린 머리카락이 올올이 곤두선 두 아이의 모습은 간밤의 긴박했던 상황을 보여 주고도 남았어요.

"너 앞으로 잘 해!"

대장 아이가 아을사를 향해 엄포를 놓고는 아이들을 몰고 가 버렸어요. 담이는 분이 풀리지 않아 그 아이들 등 뒤로 소리쳤어요.

"내 친구를 괴롭히려면 앞으로는 나랑 먼저 싸워야 할 거야!"

아을사가 그런 담이를 지그시 바라봤어요.

"내가 겁쟁이 같지? 아버지도 안 계시고 어머니는 날 붙들고 울고만 계셔서 나올 수가 없었어. 싸움도 피하고 싶었고."

아을사가 담이를 향해 싱긋 웃었어요. 아무렇지 않은 척 웃고 있지만 아을사가 아이들의 오해로 힘들어하는 것이 느껴졌어요. 담이는 그런 아을사를 웃게 하고 싶었어요.

"아을사, 너 지금 불에 그슬린 강아지 꼴이다. 하하하."

"너도 마찬가지야."

담이와 아을사는 서로 마주 보며 배를 잡고 웃었어요. 담이는 아을사가 조선 백성으로 당당하게 웃으며 살도록 곁에서 지켜 주겠다고 마음먹었어요.

간자

돌을 부리고 잠시 쉬는 사이 담이와 아을사는 장난을 치며 시간을 보냈어요.

"뭐가 그리 재밌노?"

그 모습을 본 석수 조 씨 아저씨가 빙긋 웃으며 물었어요.

"저희 게으름 피우는 거 아니고 잠시 쉬는 거예요."

아버지를 믿고 게으름 부린다고 생각할까 봐 담이는 얼른 일을 시작했어요. 아을사도 담이 눈치를 보며 열심히 돌을 지게에 옮겼어요.

그런데 담이가 서둘러 돌을 들다가 큰 돌을 놓치고 말았어요. 돌은 담이의 발등을 스치며 쿵 하고 떨어졌어요.

"아얏!"

담이가 발등을 부여잡고 바닥에 주저앉았어요. 벗겨진 살갗 사이로 선홍색 핏물이 살짝 배어 나왔어요.

"다쳤니?"

아을사가 놀란 얼굴로 물었어요. 담이는 대답 대신 아을사 코앞에 욱신거리는 발을 쑥 내밀었어요. 갑작스런 발길질에 놀란 아을사가 뒤로 물러서다 엉덩방아를 찧으며 주저앉았어요.

"지금 네 엉덩이처럼 욱신욱신 아파."

담이가 깔깔거리며 웃자 아을사가 어이없는 표정으로 엉덩이를 털며 일어섰어요.

"아휴! 어깨 빠지게 돌을 날라도 끝이 없네."

군말 없이 묵묵히 일하는 아을사가 불평을 할 정도로 돌 나르는 일은 정말 고되고 힘들었어요. 벗겨진 살갗에 바람이 닿자 상처가 다시 따끔거렸어요. 담이는 입안에 침을 모아 상처에 발랐어요.

"배고픈데 새참은 안 오나?"

목을 빼고 마을 쪽을 살피던 아을사가 담이를 쿡쿡 찔렀어요.

"너희 아버지 오신다."

손에 성곽의 도면을 말아 쥐고 성큼성큼 걸어오는 아버지 뒤로 새참을 머리에 인 봉선이 모녀가 보였어요. 담이 아버지는 관아의 도면대로 성곽을 잘 쌓고 있는지 확인하기 위해 가끔 일터에 나왔어요.

"일 안 하고 왜 앉아 있어? 아버지 믿고 꾀부리면 안 된다고 했지?"

아버지는 가까이 오자마자 호통을 쳤어요. 담이만 보면 인상부터 쓰고 소리를 지르는 아버지가 오늘따라 더 못마땅했어요.

"아버지는 잘 알지도 못하면서. 누구 때문에 이렇게 힘들게 일하는데……."

퉁명스레 한마디 내뱉은 담이는 절룩거리며 돌무더기 쪽으로 걸어갔어요. 속상한 마음 때문인지 상처가 더욱 욱신거리는 것 같았어요. 고향에 있었다면 담이는 지금 걱정 없이 서당에 다니며 친구들과 산으로 들로 뛰어다니며 놀기

바빴을 거예요.

"담이야, 왜 절룩거려? 다쳤니?"

놀란 봉선이가 다가와 담이의 상처를 어루만져 주었어요. 따뜻한 봉선이 손이 상처에 닿자 이상하게 아픈 것도 덜하고 속상했던 마음까지 봄날에 눈 녹듯 스르르 사라졌어요.

담이는 아버지가 갈 때까지 고개도 들지 않고 쉴 새 없이 돌을 날랐어요. 그래서 담이는 아버지가 가끔 걱정스러운 눈으로 바라보는 것도 까맣게 몰랐어요.

그날 저녁, 밥 먹고 일찍 잠들었던 담이는 두런거리는 소리에 깼어요.

"평생 붓만 잡던 사람을 간자로 자꾸 보내면 어떡해요?"

담이는 어머니 입에서 나온 간자라는 말에 눈을 번쩍 떴어요. 간자는 화적 떼의 지역에 몰래 숨어들어 여러 가지 정보들을 비밀리에 수집하는 사람이라는 것을 알고 있으니까요. 아을사가 화적 떼의 간자라는 오해를 받아 아이들의 괴롭힘을 받았기도 해서 담이는 그 말이 더 민감하게 들렸어요.

"아버지가 간자 일을 해요?"

"쉿! 누가 들을라."

어머니가 화들짝 놀라 담이 입을 막으며 말했어요.

"간자 활동은 위험하기 때문에 죄인들을 보낸다면서요."

어머니는 작정하고 아버지를 말리려는 듯 보였어요. 아버지가 곤란한 얼굴로 그런 어머니를 바라봤어요.

"죄인들을 보내 보니까 그냥 도망가 버리기 일쑤요. 간혹 돌아오더라도 자기 기억에만 의존해 말을 옮기고 하다 보니 틀린 정보도 많고 해서 이제는 죄인들을 안 보내기로 했소. 간자는 전쟁의 성패를 가르는 데 아주 중요한 역할을 하니 아무나 막 보낼 수는 없지 않소."

　부득이한 경우 죄를 용서해 주는 대가로 죄인을 간자로 보내기도 했지만, 대부분 간자 일을 안 하고 그냥 도망가 버리는 사람이 많았던 거예요. 그리고 죄인들은 대부분 글을 모르기 때문에 틀린 정보를 가져와 낭패를 보는 경우도 많았고요. 담이는 간자가 하는 일이 생각했던 것보다 중요한 일이라는 걸 알게 됐어요.

　"간자 일은 보고 문서도 만들고 지도도 그려야 하니 글을 모르면 안 되는 일이라 어쩔 수 없이 나 같은 이가 가는 것이라오."

　담이는 간자 일을 하는 아버지를 떠올려 봤어요. 간자가 목숨을 걸고 적의 소굴을 염탐해서 얻어 온 정보를 나라에 보고하면 나라에서는 그 정보를 바탕으로 외교를 하거나 전쟁 준비를 한다고 해요. 그런 간자 일을 하는 아버지가 굉장히 중요한 사람 같았어요. 담이에게 잔소리하고 어머니에게 절절매는 아버지와는 전혀 다른 사람 같았지요. 변장을 한 간자 아버지를 상상하던 담이는 어머니의 짜증 섞

인 목소리에 정신이 번쩍 들었어요.

"아니 그렇다고 싸울 줄도 모르는 아전들을 보내요? 한두 번도 아니고 벌써 몇 번째예요. 돌아올 때까지 걱정이 돼 내가 살 수가 없어요."

어머니가 아버지 양식으로 쓸 미숫가루를 담는 사이, 집 앞 느릅나무에 사는 굴뚝새가 다른 날과 달리 유난히 구슬프게 울었어요.

"이번에도 무사히 돌아올 테니 걱정 말고 빨리 줘요."

봇짐을 다 꾸린 아버지가 어머니를 재촉했어요. 그동안 가끔 집을 비운 이유가 관아 일 때문이 아니라 간자 일 때문이었다니, 아버지를 원망하고 미워했던 것이 조금 미안해졌어요. 하지만 그런 위험한 일을 왜 아버지가 해야만 하는지는 이해가 되지 않았어요.

"아버지가 왜 그런 위험한 일까지 해요?"

담이는 아버지가 가족도 모르고 자기 목숨 귀한 줄도 모르는 바보 같다고 생각했어요.

"내 식구 내 땅은 내가 지켜야지 위험하다고 서로 미루면 어찌 되겠니?"

아버지는 나직하게 말하고는 잠든 구슬이 머리를 쓰다듬었어요. 담이는 그동안 아버지가 열심히 일한 이유를 어렴풋이 알 것도 같았어요.

그날 밤, 아버지는 사람들 눈을 피해 사라졌어요. 담이는 집을 떠난 아버지가 걱정이 되면서도, 간자가 하는 일이 정확히 무엇인지 궁금했어요.

며칠 뒤, 성터의 일이 쉬는 날이라 담이는 봉선이와 버섯을 따러 가기로 했어요. 고기 대신 먹기로는 쫄깃하고 향기로운 버섯만 한 게 없거든요. 더구나 아버지가 버섯을 좋아하는 게 생각나서 돌아오면 맛있게 먹을 수 있게 챙기고 싶었어요.

"버섯 많은 곳을 알았어."

봉선이는 멀리 보이는 산을 가리켰어요. 봉선이가 상처를 어루만져 준 그날 이후로 봉선이만 보면 가슴이 콩닥거리고 울렁거렸어요. 자꾸 보고 싶고 말을 걸고 싶고 함께 있고 싶었어요. 그래서 담이는 봉선이 말이라면 무조건 들어주었지요.

"그렇게 멀리 가?"

"가까운 곳은 이미 사람들이 다 따 가서 없어."

"저 산까지 갔다 오려면 오래 걸릴 텐데. 그럼 배도 고플 테고."

담이가 배를 문지르며 난처한 표정을 지었어요.

그러자 봉선이가 제 허리에 맨 다래끼를 툭툭 쳤어요. 싸리나무로 만든 다래끼는 작아서 간편하게 물건을 담아 나르기 아주 좋아요. 다래끼 안에는 주먹밥 두 덩이가 보자기에 싸여 있었어요.

"좋았어. 먹을 것도 있으니 내가 저 산의 버섯을 모두 따 주지."

담이는 신이 나서 앞장섰어요. 산속으로 들어가니 풀 냄새와 나무 냄새가 향긋했어요. 이리저리 두리번거리던 봉선이가 소리쳤어요.

"찾았다!"

봉선이가 가리킨 곳에 싸리버섯이 보였어요. 마당을 쓰는 싸리 빗자루처럼 생겼다고 해서 싸리버섯이라고 불리지요. 담이도 부지런히 버섯을 찾아다녔어요. 산이 높아서 그런지 능이버섯, 오리 버섯, 까치 버섯 등등 버섯이 종류별로 아주 많았어요. 덕분에 다래끼에는 갖가지 버섯이 가득 채워졌어요.

다래끼를 채우고 나서 둘은 나란히 앉아 주먹밥을 먹었어요. 양념이라고는 소금뿐인 주먹밥이었지만 봉선이와 같이 먹으니 평소보다 훨씬 맛있었어요.

담이는 나뭇잎으로 고깔을 만들어 맑게 흐르는 계곡물을 가득 담았어요.

"목 마르지?"

봉선이가 수줍게 웃으며 물을 받아 마셨어요. 담이는 봉선이가 웃는 모습을 보니 기분이 좋아졌어요. 머리 위로 밝게 비치는 햇살 때문인지 봉선이는 선녀처럼 예뻐 보였어요.

산새 소리만 재재재 들리던 산속에서 갑자기 두런대는 사람 소리가 들렸어요. 담이와 봉선이는 긴장한 채 손을 잡았어요. 작은 나무들이 흔들리더니 그 사이로 가죽옷을 입은 남자 둘이 불쑥 나타났어요. 등에 자루를 멘 것으로 보아 약초를 따러 온 게 틀림없었어요. 남자들은 자기들끼리 뭐라고 속삭였어요.

'화적들이다!'

담이는 남자들이 하는 말을 듣고 화적이라는 것을 알아챘어요.

여진족들은 나물이며 약초를 따러 자주 국경을 넘어왔어요. 그리고 사냥을 하거나 여자를 납치해 가서 노예로 팔고 자기 아내로 만들기도 한댔어요.

그들은 다짜고짜 봉선이 팔을 붙잡더니 어디론가 끌고 갔어요.

"봉선아, 걱정 마. 내가 같이 갈게!"

담이는 허둥지둥 그 뒤를 쫓아가며 소리쳤어요.

"너는 도망쳐. 얼른."

봉선이는 잡혀가면서도 담이 걱정만 했어요.

"놔 줘요! 어서 그 여자애를 놔 달라고요!"

담이는 목이 터지도록 소리치며 끌려가는 봉선이 뒤를 따라갔어요. 남자들은 힐끗힐끗 뒤를 돌아보며 담이가 계속 따라오는지를 살폈어요. 봉선이를 놓아줄 생각은 전혀 없어 보였어요. 담이는 어떻게 하면 봉선이를 구할지 열심히 머리를 굴렸어요.

'정신 차리자. 우리가 없어진 걸 알면 사람들이 구하러 올 거야.'

담이는 다래끼에서 버섯을 꺼내 길 위에 떨어뜨리면서 따라갔어요. 희미하게 물소리가 들리고 조금 더 가다 보니 제법 넓은 강이 나왔어요.

강에는 저들이 타고 온 듯 보이는 가죽배가 있었는데, 네댓 명은 거뜬히 탈 수 있을 크기였어요.

　남자들은 배에 봉선이를 태우고는 담이를 돌아보았어요. 타라고 하는 듯이 보였어요.
　'여기서 헤어지면 끝이야. 어디든 따라가서 구해야 해.'
　담이는 비겁하게 봉선이만 혼자 보낼 수 없었어요. 그래서 얼른 배에 올라 봉선이 옆에 앉았어요. 봉선이는 겁에 질려 온몸을 떨었어요. 담이는 그런 봉선이 손을 꼭 잡아 주었어요.

화적 떼

 험한 산길을 걸어 해가 뉘엿뉘엿 질 무렵 여진족 마을에 도착했어요. 마을이 가까워지자 군데군데 농경지도 보이고 곡식을 모아 놓은 창고도 보였어요. 수백 마리 말들이 울타리 안에서 뛰어놀고 있었어요. 난폭한 화적 떼의 마을이라 하기에는 풍요롭고 평화로워 보였어요.
 마을에서는 저녁을 짓는지 고기 굽는 냄새가 났어요. 오랜만에 고기 냄새를 맡자 배 속에서 꾸르륵 소리가 나고 입 안에는 침이 고였어요.
 남자들은 외딴집 앞에 멈춰 서더니 허름한 창고에 담이와 봉선이를 가두었어요. 마른풀과 농기구들이 가득 찬 창고는 서늘하고 눅눅했어요.

"우리 이제 어떻게 될까?"

봉선이는 다리에 힘이 풀렸는지 풀썩 주저앉으며 훌쩍였어요.

"어딘가로 팔리겠지…."

담이는 봉선이 눈물을 보자 같이 울고 싶어졌어요. 하지만 일단 봉선이를 안심시켜야겠다는 생각이 들었어요.

"봉선아, 우리 기회를 봐서 도망가자."

"도망? 어떻게?"

봉선이가 눈물을 닦으며 눈을 반짝였어요. 기대에 찬 봉선이 얼굴을 보자 담이의 결심이 더 굳어졌어요.

"내가 여진족 말을 좀 알아들으니 정신 바짝 차리고 있다가 기회를 보자."

"아을사한테 배웠구나."

봉선이가 대단하다는 눈빛으로 담이를 보았어요.

"응. 그러니까 겁먹지 말라고."

담이는 봉선이에게 '잔트가르'이고 싶었어요. 잔트가르는 여진 말로 '최강의 사나이'를 뜻해요. 잔트가르는 아을사가 가장 좋아하는 말이랬어요.

 밤이 깊어지자 주위가 더욱 조용해졌어요. 깜박 잠들었다가 깨어 보니 봉선이도 담이에게 기댄 채 자고 있었어요. 봉선이를 편하게 눕히려는데 문밖에서 수런거리는 말소리가 들렸어요.

 담이는 움직임을 멈추고 문구멍으로 밖을 내다봤어요. 담이를 잡아 온 두 남자 외에 한 명의 남자가 더 있었어요.

 "추장, 우리 올량합을… 조선에서… 들었어요."

 남자 하나가 그 사람을 추장이라 불렀어요. 여진족들은 올량합과 올적합, 알타리 부족으로 나뉘는데 그들은 부족별로 모여 살았어요. 여기는 올량합 부족이 모여 사는 마을 같았어요.

 "투밍거티무르가… 공격…."

 투밍거티무르는 담이도 아는 이름이에요. 조선과 친하게 지내며 조정의 관리들을 도와주던 알타리 부족 추장이에요.

 그들이 하는 말을 얼추 알아듣기는 했지만 전부 다 알아들을 수는 없었어요.

 "그래서… 알목하를… 우리 올량합이… 차지해요."

알목하는 여진족들이 함경북도 회령을 부르는 말이에요.

'무슨 일을 꾸미는 거지?'

담이는 귀를 문에 바짝 댔어요.

"좋아! 공격하자."

추장이 술잔을 높이 치켜들며 말했어요.

"……말 200필에 전사가 300명이니까……."

추장은 자신에 찬 목소리로 껄껄 웃었어요.

"추장… 갑산… 공격… 납치…."

담이는 갑산이란 말에 머리카락이 쭈뼛 섰어요.

'우리 마을을 공격하고 사람들을 납치한다는 말인가? 그러면 어머니랑 아을사는 어떻게 되는 거지? 그리고 마을 사람들은?'

담이는 빨리 이 소식을 아버지에게 알려야겠다 싶었어요. 어쩌면 지금쯤은 간자로 나갔던 아버지가 돌아왔을지 모른다는 생각도 들었어요.

담이가 흔들어 깨우자 봉선이가 졸린 눈을 비비며 일어났어요. 담이는 조금 전에 엿들은 말을 해 주었어요. 잠이 덜 깨 게슴츠레하던 봉선이 눈이 솔방울만 하게 커졌어요.

"그럼 우리 부모님과 동생들은….."

봉선이는 갑산에 있는 식구들을 생각하고 눈물을 글썽였어요.

"잠깐! 누가 온다."

발자국 소리가 들리더니 누군가 창고 문을 열고 들어왔어요. 봉선이를 끌고 온 사람 중 한 명이었어요. 많이 취했는지 술 냄새가 확 풍기고 걸음도 비틀거렸어요. 그 사람은 고기가 조금 담긴 그릇을 내밀었어요. 그러고는 먹으라는 듯이 입을 가리키며 씹는 흉내를 냈어요. 고기 냄새를 맡자 배 속에서 다시 꾸르륵 소리가 났어요.

그때 담이 머릿속에 번뜩 어떤 생각이 떠올랐어요. 그리고 이때다 싶어 배를 문지르며 아픈 듯이 얼굴을 찡그렸어요.

"배가 아프다고?"

그 사람이 여진 말로 물었어요. 담이는 못 알아듣는 척하며 계속 배를 가리켰어요. 그 사람은 무슨 말인지 알겠다는 듯 창고 구석을 가리켰어요.

"안 돼요. 냄새 나요."

담이는 코를 싸쥐며 손부채질을 했어요. 그러자 가만히

있던 봉선이도 배를 움켜쥐며 울상을 지었어요. 그러고는 뽕 하고 방귀를 뀌었어요. 봉선이는 얼굴을 붉히며 급한 듯 발을 동동 굴렀어요.

담이는 눈치 빠르게 맞장구를 쳐 주는 봉선이가 기특했어요. 그 사람은 할 수 없다는 듯 문밖을 가리켰어요. 담이는 봉선이 손을 잡고 천천히 밖으로 나왔어요. 어찌나 떨리는지 쿵쾅쿵쾅 심장 뛰는 소리가 귀까지 들렸어요.

마당에 피워 둔 불가에는 남자 둘이 널브러져 자고 있었어요. 뒤를 돌아보니 음식을 가져다 주었던 사람이 비틀거리며 따라오고 있었어요. 사방에 사람 키를 넘는 풀 무더기가 많았어요. 담이는 그중에 제일 무성한 풀숲으로 봉선이 등을 떠밀었어요. 그러고는 그 사람을 향해 자기도 그곳에 들어가 똥을 누겠다는 몸짓을 했어요. 다행히 그 사람은 더

이상 가까이 오지 않고 멀찍이 서서 지켜보았어요.

담이는 풀숲으로 들어가 봉선이 손을 잡고 무작정 산을 향해 달렸어요. 땅이 비옥한 탓에 키보다 크게 자란 풀들은 도망가기에 아주 유리했어요. 억센 풀들이 얼굴과 팔을 스치자 칼에 베이는 듯한 통증이 느껴졌어요. 500보쯤 달렸을 때 남자가 부르는 소리가 들렸어요. 담이는 봉선이 손을 으스러져라 잡고 앞만 보며 달렸어요.

"아얏!"

얼마 못 가 봉선이가 발을 헛디디며 넘어졌어요. 담이는 넘어진 봉선이를 일으키며 재빠르게 뒤를 살폈어요. 마을 쪽에서 시끄럽게 개 짖는 소리가 들렸어요. 만약 그 남자들이 개를 풀어 뒤를 쫓는다면 강에 도착하기도 전에 금방 잡힐지도 몰라요.

봉선이가 다급하게 일어나 걸으려다 제자리에 푹 주저앉았어요. 무릎을 심하게 다친 것 같았어요.

"내게 업혀!"

담이는 급한 마음에 봉선이 앞에 등을 내밀었어요.

"그러다 잡혀!"

봉선이는 절룩이며 앞서 걸었어요. 달빛이 길을 비춰 주어 도망치기 좋았어요. 지금쯤 여진족들이 담이와 봉선이가 없어진 것을 알고 찾아다닐 거란 생각을 하니 마음이 급했어요. 아버지라면 이렇게 위험한 순간에 어떻게 할까 궁금했어요. 무작정 도망을 가야 하는지 아니면 한곳에 숨어 아버지가 찾으러 올 때까지 기다려야 하는지 담이는 결정하기가 쉽지 않았어요.

"담아! 우리 이쪽으로 가는 거 맞아?"

봉순이가 주위를 두리번거리며 불안한 듯 물었어요. 담이도 걸음을 늦추고 주위를 살폈어요. 저 멀리 희미하게 거북이를 닮은 바위가 보였어요.

"올 때 봤던 바위야. 거북이를 닮아서 기억해."

"다시 잡히면 어쩌지."

봉선이는 긴장을 해서인지 목소리까지 잠겨 있었어요.

"걱정 마. 우리가 강을 건너고 큰 산을 넘어서 갔으니까 저 산을 넘으면 강이 나올 거야."

담이는 봉선이가 안심하도록 자신 있게 대답했어요.

어느 정도 마을을 벗어나자 나무들이 굵어지고 풀들은

키를 훌쩍 넘었어요. 무서웠지만 둘은 서로를 의지한 채 개울을 건너고 힘한 비탈길을 걸었어요. 등줄기에서 땀이 흐르고 이마에서 땀이 뚝뚝 떨어져도 걸음을 늦추지 않았어요. 드디어 멀게만 보이던 산이 눈앞에 보이고 산속으로 들어섰어요. 나뭇잎 사이로 파란 새벽별이 보이자 담이는 걸음을 멈추고 봉선이를 바위에 앉혔어요. 아픈 다리로 걸어온 봉선이를 조금 쉬게 할 생각이었지요.

"이제 곧 강이 나올 거야. 조금만 더 힘을 내자."

봉선이가 마른 입술을 축이며 고개를 끄덕였어요. 사방이 조용해지니 희미하게 물소리가 들려왔어요.

"물소리가 들려."

봉선이가 소리 나는 쪽으로 몸을 기울였어요.

"컹컹!"

하지만 물소리 뒤로 개 짖는 소리도 함께 들렸어요. 아이들이 도망친 것을 안 여진족들이 개를 데리고 잡으러 온 것이에요. 둘은 물소리가 나는 계곡 아래를 향해 정신없이 달렸어요. 미끄러지고 자빠지며 달리다 보니 드디어 물 위에서 흔들리고 있는 가죽배가 보였어요.

담이는 봉선이 손을 잡고 정신없이 배 위에 올라탔어요. 봉선이가 자리 잡고 앉은 것을 확인하고는 반대편 강기슭을 향해 미친 듯이 노를 저었어요.

강 중간쯤 왔을 때 가까운 곳에서 고함 소리가 들렸어요.

"화살이다. 엎드려!"

아버지 목소리였어요.

엎드리자마자 머리 위로 화살이 휙 하고 지나갔어요. 여진족들이 강 건너에서 화살을 쏘아 댔어요.

"아버지!"

담이는 온 힘을 다해 아버지를 불렀어요.

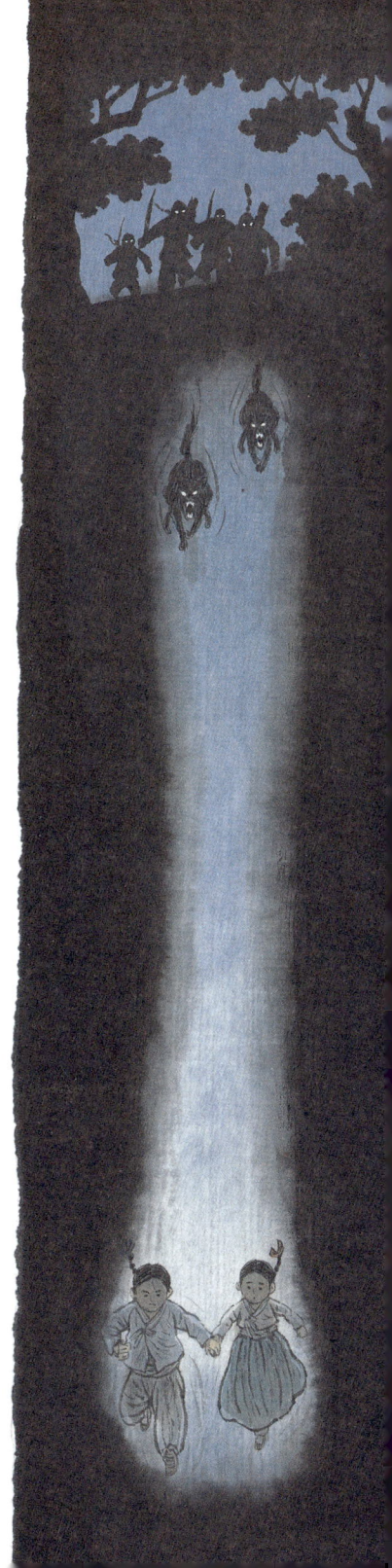

나의 아버지, 나의 잔드가르

"담이야, 잘하고 있다. 걱정 말고 그대로 오거라!"

아버지가 강 건너에 있다고 생각하니 팔에 절로 힘이 들어갔어요. 부지런히 노를 저어 강기슭 가까이 가자 아버지가 첨벙첨벙 물속으로 뛰어 들어와 배를 끌어당겼어요.

그때였어요.

"휙휙."

화살이 다시 머리 위로 바람 소리를 내며 날아갔어요.

"몸을 아래로 낮춰!"

아버지의 말에 봉선이가 배 바닥에 납작 엎드렸어요.

하지만 담이는 화적 따위에게 겁먹은 모습을 보여 주기

싫었어요. 그래서 허리를 꼿꼿하게 펴고 강 건너 화적들을 노려봤지요. 화적들이 약 올라 펄펄 뛰는 꼴을 보고 싶었거든요.

"담이야. 위험해!"

봉선이가 비명을 지르고 아버지가 비호*처럼 달려들어 담이를 감싸 안았어요.

"으윽!"

화적들이 쏜 화살 하나가 아버지 어깨에 박혔어요.

"아버지, 아버지!"

담이는 놀라 아버지를 불렀어요. 그때 배가 강기슭에 닿았어요.

"난 괜찮다. 너희는 다친 데 없느냐?"

아버지는 담이가 무사한 걸 확인하고는 아이들을 배에서 내리게 했어요. 그러고는 담이와 봉선이 손을 잡고 요리조리 화살을 피하며 나무 사이를 달렸어요. 그동안 간자 일로 다닌 길이라 그런지 능숙하게 길을 찾아 달려갔어요.

비호 나는 듯이 빠르게 달리는 호랑이.

얼마쯤 달리자 담이와 봉선이 이름을 부르는 소리가 들렸어요. 밤새 돌아오지 않는 아이들을 마을 사람들이 찾으러 나온 것이었어요.

"아이들 찾았습니다!"

아버지는 소리 나는 쪽을 향해 목청껏 고함을 질렀어요.

"아버지, 저 여기 있어요!"

봉선이도 손나팔을 해서 따라 외쳤어요. 딸의 목소리를 들은 봉선 아버지가 제일 먼저 달려왔어요. 뒤이어 걱정스

런 얼굴을 한 어머니와 아을사도 보였어요. 담이는 어머니를 보자 눈물이 마구 쏟아졌어요.

"죄송해요. 저 때문에…."

담이는 아버지의 큰 손을 잡고 눈물을 뚝뚝 흘렸어요.

"괜찮다. 조금 다쳤을 뿐이야. 울지 마라. 사람들이 울보라 놀리겠다."

아버지가 껄껄 웃으며 다치지 않은 팔로 담이 어깨를 꼭 안아 주었어요.

"담이는 울보 아니에요. 얼마나 용감했다고요."

봉선이는 그동안 겪은 일을 숨 가쁘게 이야기했어요. 사람들은 봉선이 이야기에 푹 빠져 탄식을 질렀다가 한숨을 쉬었다가 했어요. 이야기가 다 끝나자 담이를 보는 사람들의 눈빛이 달라졌어요. 그리고 담이는 사람들의 입에서 입으로 전해지면서 마을에서 제일 용감한 아이가 되었지요.

"정말 용감하구나. 넌 이제 나의 잔트가르다."

아을사가 담이를 자랑스러운 눈빛으로 바라보았어요.

아버지와 담이가 어떻게 만날 수 있었는지에 대해서도 듣게 됐어요. 마침 일을 마치고 집으로 돌아온 아버지는 담이와 봉선이가 돌아오지 않자 흔적을 밟아 찾아왔던 거예요. 담이가 떨구고 간 버섯을 보고 화적들이 다니는 길을 알게 됐고요.

"표식을 남긴 것은 아주 현명한 행동이야."

담이는 흔적과 표식을 보고 찾아온 아버지가 존경스러웠어요. 그리고 화살을 맞고도 침착하게 화적 떼를 따돌린 모습도 용감해 보이고 자랑스러웠어요. 담이도 어른이 되면 아버지처럼 간자가 되어도 좋을 것 같았어요. 적에게는 얄

미운 존재이지만 우리 편에게는 아주 중요한 존재이니까요. 누군가에게 중요한 존재가 되어 사는 것도 밭을 많이 일궈 부자로 사는 일만큼이나 보람찰 것 같았어요.

그리고 담이는 그곳에서 보고 들은 것을 아버지에게 자세하게 알렸어요.

"아버지, 화적들이 갑산을 공격한다고 했어요."

담이는 지난밤 여진족 추장에게서 들은 말을 전했어요.

"나도 이번에 여진족들이 다시 기습할 준비를 한다는 것을 알았다. 그런데 그 규모를 알 수가 없더구나."

"제가 들었어요. 알타리 부족 추장인 투밍거티무르가 갑산을 공격하면 그사이 올량합 부족들은 회령을 차지하자고 했어요."

"뭐야? 조선과 화친하며 도와주던 알타리 부족이 기습을 해 온다고?"

아버지는 어리둥절한 얼굴로 다시 확인했어요.

"네. 그리고 올량합 부족 추장이 확인한 알타리 부족 병력은 말 200필에 병사가 300명이래요."

"그래? 큰일 날 뻔했구나. 나는 올량합 부족이 쳐들어온다는 것으로 들었는데."

아버지는 여진 말을 모르기 때문에 여진 땅에 들어가 살고 있는 조선인들이나 친한 여진족 사람들을 통해 소문을 듣고 정보를 얻는다고 했어요. 그래서 그중에는 잘못된 정보도 많았지요.

담이는 올량합 부족 마을로 들어갈 때 본 풍경들도 상세하게 말했어요. 배로 강을 건너 얼마를 가고 거북 바위를 지나 몇 걸음을 가면 화적 떼의 근거지가 있는지 말이에요. 아버지는 문서를 다시 만들어 갑산 수령에게 보고해야 한다며 부랴부랴 관아로 갔어요.

알타리 부족이 갑산을 공격할 것이라는 정보는 임금님께도 알려졌어요. 기습을 준비하는 쪽이 여진족이 아니라 평소 조선에게 우호적이고 도움도 줬던 알타리 부족이라 충격은 더욱 컸어요.

임금님은 알타리 부족 추장을 만나 설득하고 그들과 타협해서 백성들의 피해가 없도록 하라고 명을 내렸어요. 그래서 조정에서 관리들이 나와 알타리 부족 추장과 평화롭게 지낼 것을 약속하는 협상을 했어요.

"담이 덕분에 전쟁을 피했어."

사람들은 담이만 만나면 고마워했어요.

이 사건으로 인해 조선의 조정과 사람들은 간자의 필요성을 절실히 깨달았어요. 임금님이 전쟁을 대비해 간자를 교육하라고 했을 때 조정 대신들은 필요성이 적다며 반대를 했거든요. 아버지는 그 후로 비밀리에 간자를 가르치는 일을 맡아 더욱 바빠졌어요.

어느 날, 성곽을 쌓고 집으로 돌아와 보니 사람들이 마당에 모여 무언가를 보고 있었어요.

"담이야, 네 앞으로 온 것이다."

어머니가 흐뭇한 얼굴로 담이를 보았어요.

담이는 물건들을 보고 깜짝 놀랐어요. 평소 보기 힘든 쌀 가마니와 콩 가마니 그리고 부드럽고 색이 고운 비단과 무명천이 마당에 쌓여 있었어요. 그것은 바로 임금님이 여진족 마을에서 살아 돌아온 담이와 봉선이를 기특하게 여겨 상으로 내려 준 것들이었어요.

"우리 마을에 광영이 내렸네. 이처럼 기쁜 일이 또 있겠나?"

마을에서 제일 나이가 많은 할아버지가 어깨춤을 덩실덩

실 추며 말했어요. 어머니는 떡과 술을 내놓으며 마을 사람들과 기쁨을 함께 나눴어요.

　어머니는 임금님이 보내 준 옷감으로 새 옷을 지어 주었어요. 구슬이는 새 옷이 좋은지 잠시도 벗지 않으려 했어

요. 담이도 보드랍고 매끄러운 새 옷이 좋았어요. 담이는 봉선이도 새 옷을 해 입었으면 했지만, 봉선이는 그 천으로 식구들 먹을 것을 마련했다고 했어요.

그날 이후부터 사람들은 담이를 잔트가르와 간자를 합쳐서 '잔트간자'라 불렀어요. 담이는 그 말을 들을 때면 어깨가

으쓱해지고 용기가 났어요. 자꾸만 웃음도 나고요.

"잔트간자, 빨리 나와."

문밖에서 아을사와 봉선이가 담이를 기다리고 있었어요.

"무슨 일이야?"

"화적 토벌군들이 왔어."

임금님이 조선 백성들을 괴롭히는 여진족들을 진압하라며 김종서 장군을 선두로 해서 토벌대로 보냈다고 했어요.

"이제 화적들 때문에 불안해하지 않아도 되겠네."

"아을사, 미안해."

"네가 왜. 그동안 노략질을 한 대가를 받는 건데 뭘."

아을사는 체념한 듯 기운 없이 대답했어요.

"전쟁을 끝내 주세요!"

봉선이의 말에 담이와 아을사도 하늘을 향해 외쳤어요. 가을 햇살이 세 아이의 머리 위를 비추고 빨간 고추잠자리가 춤을 추듯 주위를 맴돌았어요.